AF444030

Colección #78

«Arquitectura
de
Musas»

★★★

Amaury González Reyes

Published by:
OASIS & ALAMBIQUE PUBLISHING CORP.
Miami, Florida
(c) 2020 Amaury González Reyes
~Colección #78: "Arquitectura de Musas"
ISBN- 9798673943717

Esta colección #78 fue finalizada en Miami, en el mes de junio del 2011.

TÍTULOS

1- EVA EMBARAZADA
2- EL TORSO DE MONALISA (MI VECINA)
3- MANIQUÍ DE VIDRIERA
4- COMPAÑERA DE TRABAJO
5- LA MOLINERA Y EL PESCADOR
6- MI OTRA PARTE DE LA CAMA
7- EL PIRATA DE TU HIMEN
8- KAMASUTRA DIABÓLICO
9- ODISEO Y PENÉLOPE
10- BANCARIO SIN LÁPIZ
11- RASTRERO DE HECES DEL COMUNISMO
12- EL VAQUERO Y SU YEGUA
13- LOS SÁBADOS Y EL CANARIO
14- ESCRIBIRÉ
15- CAPERUCITA SE COMIÓ AL LOBO
16- AMOR DE BURÓ
17- NINFA BALCÁNICA
18- ROMEO SIN JULIETA
19- ENIGMAS DE MARILYN
20- COWBOY EN CONVOY
21- LA MATILDE DE NERUDA
22- BUITRE DE MEDIANOCHE
23- TEJIDO DE ARAÑA
24- DIFERENCIA DE EDADES
25- LA NINFA CALIPSO
26- EL ZORRO Y LA VIUDA
27- MACHO DE PUEBLO
28- EL SUEÑO PROFÉTICO
29- EL CONFLICTO DEL ARTISTA
30- NINFA DE BOSQUES Y PRADERAS
31- EL GUERRERO DE LA PLUMA
32- CANSACIO DE AÑOS MATRIMONIALES
33- CAMBIÓ EL DESTINO DE UN HOMBRE
34- YO YA PASÉ POR ESO
35- TU BOCA Y MIS BESOS
36- NUNCA ME HA DADO POR...
37- COMPLEJO DE EDIPO
38- AQUÍ CUALQUIERA
39- HOMERO
40- LA GAVIOTA Y EL PANTANO
41- NECESITO LA MUJER QUE PERDÍ
42- AHORA QUE NOS DEJAMOS
43- ARCOIRIS DE ALEGRÍA
44- TE TOCO Y TE ACERCAS
45- RENACER DE UN POETA

1- <u>EVA EMBARAZADA</u>

Adán, remedido, sabe que Eva está embarazada. Ve de nácar su frente y diamantes en sus ojos. Eva, pecaminosa, reluce su vientre a él; mientras, crece una pequeña colina en su interior y va haciéndose protuberante e inflamando su ombligo como capuchino en espiral, con otra radiante tez intrínseca en ella.

Adán sabe que Eva y él, han pecado por la procreación; reconoce que juntos harán un itinerario de nueve lunas. Eva dará a luz un día de la última luna, y Adán dormirá sobre la montañita de su vientre, dejada al alumbramiento. Eva sentirá el dolor como alivio y una criatura nadará en su laguna, y retoñarán sus órganos de sus entrañas como si fuesen los suyos propios. Adán, expatriado del Edén, beberá celebrando con la serpiente en el cáliz sin suerte al ser padre. Y Dios contento de ver prosperar su jardín sin ellos.

Eva, hermosa hembra creada, trigueña, mestiza, tal vez gitana, de pelo lacio cubriendo su espalda, con Monte de Venus sin podar, con una hoja de calzón y con los senos de indicadores parecidos a dos faros de una bahía de noche.

Adán observa la liana que retuerce la cintura de Eva, ya no tan estrecha como luenga, pero su olfato percibe la exquisitez aromática de Eva y la encima, la olfatea cuando recorre entre sus piernas, refugiado en las noches del lecho, con pajas secas de suelo y hojas verdes de techo.

Y ahora ese embarazo, esa otra vida de sus dos vidas. Eva embarazada, oro duplicado para Adán; es una mina púrpura sus labios al saborearlos con amor. Adán y Eva: son un hombre y una mujer, no tienen edad ni siquiera experiencia, apenas van a la escuela y han sabido soñar…

Pero Eva está embarazada, ella tiene que combatir… Adán tiene que comprender, el mundo tiene que aceptarlos. Adán viaja por el desierto en busca de un oasis iracundo; Eva embarazada confía en él, aunque sabe que no debería. Ellos conocieron el Amor en la intimidad de una duna, bajo el rocío nocturnal desprendido desde un manzano. Allí, también nació el Deseo, el encuentro de los sexos, el depósito que engendra un hijo a través del placer empleado, después de degustarlo en la planicie del Edén.

Adán está esperando su primogénito; Eva satisfará a ese hijo con sus pechos y Adán hasta receloso descubrirá, que un hijo también es un rival, pero es el reto que tiene que afrontar como procreador.

Eva regala al mundo un hijo; finalmente despierta en el regazo de Adán. A Eva alguien dentro de poco, le dirá Mamá. Y Adán descansará, después del noveno mes, con perdón de Dios; luego del dolor que atestiguó del pacto de su Eva.

2- <u>EL TORSO DE MONALISA (MI VECINA)</u>

Desde el siglo XVI
jamás ha dado muestra de visibilidad;
debajo de ese vestido marrón y de seda,
va oculto el torso de Monalisa.
Han desnudado centenares de estrellas de cine
menos a La Gioconda…
Y tal pareces tú, La Joconde,
secreta en la túnica del recato,
intentando que no llegue mi musa
con sus manos y te toque;
pero mis manos te pitan como Leonardo,
mis ojos te esculpen en óleo
y mis instintos quieren tirarte sobre el tálamo,
y así repintar la nueva Madonna Elisa.

El torso de Monalisa está subrepticio
como el tuyo para mí,
en este siglo que aun el Louvre recluye;
y te trazo con mis pinceles imaginarios,
te cuelgo sin acabado en un cuadro
por las paredes de mi corazón.

Da Vinci ha encubierto el torso de Monalisa,
no dejó ni siquiera percibir sus senos
aunque su busto, aparenta bien parado.
Según la leyenda,
su vecina fue la modelo y estaba encinta;
es por eso que muchas vecinas
son musas exclusivas para los artistas,
porque son las que más cerca están de la inspiración:
Así el artista se relaja cuando pasan,
cuando las ve y así puede trabajar
en su obra, holgadamente…

Pero a mí la que me importa eres tú;
tan historiadora, tan culta, tan estudiada
y tan admiradora de La Gioconda…
Creo que por esa razón me ocultas tu torso también;
claro que eres la vecina que me anima a escribir,
a visitar tu sala cada vez que puedo o me invitas,
sólo para contemplar el cuadro de Madonna Elisa;
la que me mira y no me sonríe,
pero sé que quiere embozar la sonrisa
y se queda como en un trance o a medias,
en ese acto con saludos cordiales
y preludios improvisados,
donde hay una pausa, un éxtasis…

Entonces, apareces tú otra vez
y me convidas a beber un té,
aunque no sean las tres…
Quizá, no puedas reencarnar en una pintura
pero sí la puedes imitar,
y además de volverme loco
y pedirme sin hablar, que me enloquezca
con tu discreción;
que me entuma observando tu torso tan furtivo
como el de La Joconde.

Así sufro como las ganas de Monalisa
de ser desnudada, aunque sea por un día;
así me asfixio como sus pezones que buscan aire
y visibilidad con exasperación,
y únicamente encuentran siglos de cautiverio.

Te buscaré cada noche con mi musa
y te cazaré con ella, hasta el confín de mi imaginación.
Ojalá que un atardecer antes que entres
a tu cuarto de baño,
yo pueda con el arte del mal de ojos
romper la cortina de tu ventana,
y se te caiga finalmente del susto la toalla,
que te enrollas hasta la cúspide del torso
y así podré por cansancio poético,
escribir mi propia obra sobre tu cuerpo
y la titularé: "La Mejor Musa del Barrio" …

Después colocaré un sistema de alta seguridad
como en el Museo francés,
en los archivos de mi computador,
para que nadie me pueda robar
a mi verdadera Monalisa descrita,
lo que, con sacrificio y amor, pude componerle.

El torso de Monalisa será mi plectro,
esquivado desde el punto de verte como ella…
Tan sin sonrisa y tan con ganas,
tan incentiva, tan buscadora de mis pleitos,
tan repleta de lo que quiero darte,
tan subversiva de saber que estoy para ti,
tan como lo estuvo el Maestro Leonardo con Lisa;
tan como la Monalisa,
tú tienes oculto tu torso para mi mirada.

3- <u>MANIQUÍ DE VIDRIERA</u>

El maniquí de vidriera ahí está
con sus retales y pelo rojo,
con sus ojos azules inmutados,
con la mirada infinita,
desnudo para los transeúntes
que desean hasta acariciarle…
Pero que les dé una respuesta
para satisfacer la curiosidad,
y los principios de satisfacción.
Aunque es una figurilla, sonríe;
hay un montón de hombres
que prefieren a ese maniquí enterrado
y exhibido en su vidriera,
que no a una mujer como tú,
que estando viva luce inamovible,
llena de complejos y retractaciones…
Es como si fueses un objeto inanimado
y frustrante, pero para mí eres diferente;
una inescrutable dama amorosa,
porque soy yo el que limpia la telaraña
que te enreda cada noche al cerrarse tu tienda,
cuando la gente se encapucha
bajo esas luces de las estrellas
y van a embrollarse con el edredón.
Prefiero que nadie te conozca
porque la sociedad ignora tu dulzura
y como insulina de azúcar;
tú me inyectas esa gentileza
en la vulnerabilidad de mis poros,
en la privacidad absoluta
donde repartes besos a mi fisiología,
de pie en mi corazón,
inmóvil para los demás,

inventariada por mis cinco sentidos,
recuperada en el batallar exhibido,
que no te queda más que quedarte
como si fueses ese maniquí de vidriera…
Aparentar tu desidia visual sin serlo,
mostrar tu belleza como plástica
y teniendo un alma de seda.
Es nuestro amor quimérico,
lo que te ha convertido en maniquí de vidriera.
Esta pasión que nos enciende velas
en la cena del catorce de febrero;
en los atardeceres que nos vemos
y celebramos con champán,
esta conquista de nuestros corazones:
que se entienden tanto como las aves en apareamiento;
que se rebuscan tanto como los poemas de Neruda…
Así viajas tú en la imaginación de muchos
como maniquí de vidriera;
pero para mí, estás tan viva como yo,
como mi amor por ti.

4- <u>COMPAÑERA DE TRABAJO</u>

Y de repente te despiertas un día
y encuentras volando en tu cabeza la imagen de ella;
y te preguntas por qué no te preocupa
lo que te debería de intranquilizar…
¿Por qué ella en tu cabeza?
¿Por qué su imagen detrás de tus ojos?
Has conocido el Amor, Poeta,
sin saber que es igual a no conocerlo;
ilustrado de pasatiempos y terremotos nupciales.
Nunca te verías en las respuestas
que te anuncian tus musas:
retóricas o membranosas,
de encajes desencajados de ti.
Y la respuesta es sencilla:
tu compañera de trabajo.
La ves casi todos lo días,
la besas en las mañanas,
la examinas y hasta la celas
y ni siquiera estás al corriente de eso.
Ella es tu confidente,
a la que le hablas incondicionalmente,
a la que no te atreves a decirle:
«Me gustas aún con lo que no te digo
y no sé porqué ni siquiera lo intento…
pero aún así me gustas a morir,
como hembra al fin;
hembra para un hombre como yo».
Y qué importa lo cursi,
lo travieso que parezca un poema;
no tan sólo un poema
sino hasta la muerte,
porque ella es tu talón de Aquiles,
la necesidad que te persigue

y tú de nardo embaucado ni lo sospechas;
únicamente lo sientes,
te apresuras a alejarte de su aura,
de impedirla cuando te lo confiesa en silencio;
te embruja su andar, su celular llamando a alguien,
sus miradas imprecisas con dirección hacia a ti.
¡Eres un poeta de mierda! ¿Poeta de qué?
Te falta mucho para escalar las montañas del Amor,
para entender el lenguaje de tu compañera de trabajo,
para remedir la separación entre el roce de su piel
y la desdicha de andar mal acompañado;
teniendo a tu lado la verdadera persona
que ha aprendido a conocerte.
Eso lo has experimentado con el contacto
de tu fiel compañera de trabajo…
Y es la felicidad de amar
deliberadamente sin imposición.

5- <u>LA MOLINERA Y EL PESCADOR</u>

La molinera se entregaba a su molino:
desgranando el maíz, trillando el trigo…
Y el cóndor amaestrado de sus propias manos,
salía a volar cada mañana desde el establo.
La molinera allí, en la inmensa granja,
abrazada por las cuatros estaciones del año,
en la mocedad de su vida.
Ella regaba sus plantas,
recogía los huevos del gallinero,
le distribuía las pacas de heno al ganado
y su leche la convertía en grandes quesos.
Pero el molino era su proveedor económico;
por eso viajaba al pueblo a llevar la cosecha,
la harina de su ardua labor.
Y andando por las calles del gran mercado,
apareció aquel día de primavera el pescador;
él le dio información del mar,
le describió lo que eran las algas enredadas en el ancla,
la construcción de la quilla,
la visibilidad desde la popa
y hasta le proveyó sal fina y fresca…
La molinera enterneció su alma,
para invitar a su granja al marinero
y así viajaron en su carretón tirado por un caballo:
él le dio la mano en el granero;
ella le enseñó como pastorear las ovejas.
El nauta trajo sus redes marítimas
y las echó en el gran lago de agua dulce,
cercano a las tierras de la molinera.

Poco a poco, él le explicaba a ella
lo que es el habitáculo en un barco;
lo que se hace con el pescado durante meses,
luego de capturado y conservado en la bodega
para poderlo traer al pueblo.
La molinera y el pescador
fundaron una estadía en las tierras del amor,
en las aguas de dos vidas que se juntaron.
Así el molino perteneció al pescador también
y las redes fueron retejidas muchas veces
por los dedos de la molinera;
y el pueblo no fue más que el punto de encuentro
donde ella y el pescador,
se conocieron para amarse toda la vida.

6- <u>MI OTRA PARTE DE LA CAMA</u>

Aquí, estoy siempre buscando esa otra parte tan mía que se echa en el colchón y se tapa con mi frazada. Esa otra parte que me sostiene, descubre, adormece, toca, abraza y hasta me ama sin pedírselo; mientras se compadece de mi frialdad y desvelo. Así me llena el cuerpo y el ala derecha de mi pecho.

Aquí está a mi lado, mirándome en silencio, en las sombras, buscando perpetuada mi agonía, mi soledad, mi Ser, mi júbilo, mi felicidad, mi sexo…

Calladamente, mi otra parte de la cama me acompaña, solitaria para existir conmigo; a veces mi otra parte la ignoro si está cerca y ni siquiera advierto, que recorre mi espacio; trasladándose en ocasiones para examinarme y no me doy por enterado de su seducción, y hasta ronca despierta para llamar mi atención.

Pero aquí está su vida, en noches junto a mí, decorando de punta a punta el extremo opuesto y vertical de mi lecho, del remanso de mis huesos al descansar. Comparto algún programa de televisión con su presencia, bajo su calor refrescado al salir del cuarto de baño…

Esta otra parte de mi cama, me platica de futuros inciertos, espejismos del Presente; es como si fuese yo mismo, aunque realmente no lo sea sí lo es, porque soy una extensión de ella.

Mi otra parte de la cama me saca a pasear al cine, vacaciones veraniegas, esquiar a los Alpes e igualmente compartimos ciertas lecturas. Me cautiva su fragancia acostadita sobre su dorso anatómico, de ese otro lado donde gravitado lo deposita; ella se reparte con su esencia para amontonarse en mí, velarme de reojo y mordisquearme de vez en cuando, si la madrugada empieza apagar las luces de neón.

Mi otra parte de la cama anda reflejada en el espejo, está ahí, conmigo, observándome como el cuadro del Cristo colgado en la pared del dormitorio, para desvelar mis ojos y acariciarme con su guardia.

Mi otra parte de la cama camina sobre mis sábanas y en orgías nocturnales entre dos, sudamos sus telas; hacemos de nuestra guerra una alquimia por amor y compañerismo de sexos opuestos y no nos rendimos…

Queda este diario, haciendo cuentas revertidas para mi otra parte de la cama, que me conoce tanto como yo casi no me puedo conocer, y es bueno verse en asociación con alguien que te sigue, te da calor, te alienta en tus malas rachas, te sostiene y es protagonista de tus aventuras por la travesía de los descalabros ambientales, trazados por el destino.

Mi otra parte de la cama se ha convertido en mi otro Yo, y es porque sencillamente, eres Tú.

7- <u>EL PIRATA DE TU HIMEN</u>

Han pasado treinta años de tu vida
y dieciséis de haberte enfrentado aquel pirata
que saqueó tu himen;
el mismo que desvirgó tu tesoro,
dejando la entrada de tu cueva descubierta,
y así provocó la facilidad para que otros piratas
pudieran entrar a saquear los restos de tu tesoro.
Pero este pirata no fue un pirata común,
fue alguien que te ha marcado;
porque todavía no te acostumbras a ser usurpada
por las piraterías de otros…
¿Por qué será que no lo puedes olvidar?
Obviamente, fue el pirata de tu himen,
el hombre que te supo hacer el resquicio
en tus primeros estrenos de mocedad
y ahora no puedes vivir sin su saqueo;
por eso, te ha robado la virginidad,
tu nobleza de niña a mujer…
Hoy sientes los vestigios en tu corazón
de aquella mañana que te fugaste del colegio,
de aquel día que se convirtió en una década,
concibiendo los asaltos de aquel pirata
que entraba a tu taberna a beber de ti,
a conseguir tus ciruelas de hembra,
a navegar por tu piel
como si fuese las aguas del Mar Caribe.

El pirata de tu himen
es un bandido que se ha alejado de ti,
que a veces en otras tierras te piensa
porque como quiera que sea, te robó el candor
y aunque también ha saqueado otros hímenes;
tú fuiste muy especial para él,
porque los dos se enamoraron
y conocieron el amor de piratería.

8- <u>KAMASUTRA DIABÓLICO</u>

Hagamos el amor
y reinventemos un nuevo Kamasutra;
apellidémoslo como Diabólico.
Ese juego resbaloso de bailarines de hielo
sobre una cama,
que empieza de pie
y se tambalean de un lado a otro;
para mecerme en tu cintura
y tú te cuelgues de mis hombros verticales,
horizontal como deseas
mientras nos mareamos, amándonos.

Dame este Kamasutra de noche
que la oscuridad se enternezca
de nuestros esquivos endemoniados…
Saltemos, aullemos, forcejemos
y así nos descubriremos entre sábanas
que más que blancas, serán multicolores,
empapadas de los olores de sexo
más, la acción de amarse;
es el fulgor del éxtasis que haremos
recluido de nuestras entrañas,
y lo liberaremos por los poros
y nos tomará de las manos,
de nuestros pechos, de nuestras bocas,
de lo que nos ha hecho unir nuestras pieles,
y así abriremos fuego entre el bien y el mal,
con el ying yang, de la afinidad mutua
y más que todo, ¡salvaje!

9- <u>ODISEO Y PENÉLOPE</u>

Yo soy ese Odiseo que abandonó
su reino para defenderlo en la lejanía;
y tú, la Penélope que siempre lo esperó…

Yo me fui luchando por libertad,
tú te quedabas asegurando que estaba equivocado.

Descubrí Islas llenas de ninfas
y lugares recónditos sin ti…

Y tú me esperabas,
pensabas que yo regresaría;
pero este Odiseo moderno no quiso mirar atrás.

Los otros que se presentaron
sabían que yo luchaba por ti,
era muy difícil que me olvidaras;
y así sentada en la primavera,
el otoño llegaba y te arrasaba la cabellera
para decirle al viento, que aún me amabas.

10- <u>**BANCARIO SIN LÁPIZ**</u>

Esas musas traídas del hemisferio sur de mi cabeza,
abren una cuenta en mi banco
y se suscriben sin lápiz;
luego viven ahí, donde las puedo canjear,
donde puedo limpiar el banco de sarro
de todo el oro que me ha regalado el corsario de la Vida.

Yazgo y me quedo estupefacto
como bancario sin lápiz,
porque tengo en mi entrecejo la imagen de una moza,
tan elevada que parece virgen, y acallo…

Rompe el nudo de la garganta esta ausencia de palabras,
me arruino en el capital del silencio,
y se cierran todas las cuentas abiertas del hemisferio sur;
ahora sólo me sostiene la esperanza
de invertir en el Norte de una ilusión.

Carezco del estatus migratorio de su estadía,
pero es un dolor de parto conocer que amas,
saber que sientes;
mientras se van repartiendo por el cielo las golondrinas
que ven lo que no veo.

Hay en ella poesías, cheques en blanco por cobrar,
quiero ponerla en la palma de mi mano
y acariciarla como una palomita;
que busca su alimento con amor,
que se suplementa con besos para crecer
y alcanzar créditos financieros,
para ofrecerle mi sucursal
y deposite su ternura inmaculada,
en mi sentir económico…

Ser un bancario sin lápiz,
es un absurdo e insaciable deseo, ese soy yo;
yo que la amo y nada más puedo hacer que amarla.

Tengo un banco de musas
que no se pueden apuntar ni vender;
ni siquiera se pueden acreditar con el lápiz.

Nada deja constancia de amores furtivos,
son amores imposibles que se acuñan en la arena;
que se escriben por un instante
y llegan las olas borrando sus huellas digitales,
del simbólico sentimiento que plasmaste.

Este bancario sin lápiz esfuma la felicidad
de lo que no es;
el truhan que conquista el mundo
y no puede alcanzar el aroma de una doncella.

Es una bancarrota esta realidad,
esta funesta separación de los seres
que anhelan amarse en paz,
pero que están confinados por culpa
de estructuras políticas;
por culpa de absolutismos,
por culpa clanes religiosos,
por culpa de todos los que se oponen al amor
de la manera que sea o se manifieste.

11- <u>RASTRERO DE HECES DEL COMUNISMO</u>

Esto ha quedado de este rastrero,
de este tipo que se crió en el Comunismo…

A veces lo encuentran llorando,
otras mataperreando en su desconocimiento
del verdadero mundo en desarrollo y capitalizado.

El sistema de su país natal, lo destituyó de ser humano
a convertirse en un patán de los esbirros comunistas.

Impredecible la vida e irónica vivirla,
bebió del mismo veneno que le daban
para aniquilar a su misma raza;
hasta que le llegó su día, como todo traidor,
y cayó en el destierro antes de morir en su tierra,
y huyendo y huyendo, tratando no tropezar con otros
que, por culpa de las heces del Comunismo,
han tenido que escapar también
pero en este caso, son inocentes…

No como este traidor y bandolero, Teniente Coronel,
que por no cumplir con su misión
lo querían linchar,
y había sido el rastrero de las heces del Comunismo.

12- <u>EL VAQUERO Y SU YEGUA</u>

Según cuenta la leyenda del desierto de Arizona,
allá en el viejo Oeste,
que este vaquero amaba tanto a su bestia
que nunca se casó;
lo que lo hacía sospechoso de practicar la zoofilia.
Pero dejando las especulaciones a un lado,
el vaquero tenía un vasto ganado en su establo,
buenas gallinas ponedoras y un molino de viento;
los coyotes merodeaban sus parcelas,
y la Luna llena era una moneda de plata nítida,
situada en el meridiano del insondable arenal.
El vaquero cnsillaba su yegua
y temprano sacaba sus vacas a pastorear;
su revólver lo saca de vez en cuando
y les disparaba a las serpientes cascabeles
o a las libres que deambulaban por aquellos trillos.
Una tarde de abril antes de cerrarse el capullo
el día ajetreado, el vaquero vislumbró a dos pistoleros,
eran dos matarifes a sueldo…
Y un disparo al azar alcanzó su yegua;
el balazo fue fatal, falleció instantáneamente el equino
debajo del cuerpo del vaquero.
Desmoronado el jinete de lado a la bestia,
se reincorporó y pistola en mano
disparó a quemarropa a los dos maleantes,
sin importar que lo habían dado por muerto…
Y acto seguido herido mortalmente,
el vaquero se desmoronó nuevamente encima
de su yegua, y murió en su montura tejana.

13- <u>LOS SÁBADOS Y EL CANARIO</u>

Bruno, era casi un muchacho
cuando emigró de su país al Norte del continente.
Bruno ya no es tan muchacho
después de haber pasado veinte años fuera de su tierra.

Él trabajaba de domingo a viernes
en su adoptiva nación,
y todos los sábados se sentaba en la terraza de su morada,
a contemplar su canario
y a despojarse del cansancio.

Su pajarito amarillo
se quedaba en el interior de la vivienda
de sábado a sábado;
él lo sacaba a tomar el sol sobre una silla
que estaba colocada,
donde llegan los rayos del astro brillante.

Los sábados eran los únicos días libres
para que hombre y ave se pudieran pasar un rato,
mirándose con la misma forma
que se miran dos prisioneros
en el patio de una cárcel Federal;
también cuando a los reos les dan media hora
para tomar el Sol en las mazmorras penitenciarias.

Los sábados eran la libertad del canario,
el lugar libre de entonar su gorjeo
mientras Bruno lo miraba fijamente e interpretaba,
su libertad detrás de las rejas…

Pero luego de tres años y medios,
de Bruno haber adquirido su pajarillo,
se sintió que le han salido alas en su cavilación,
en su reflexión de este amigo incondicional
y le abrió la puerta de su jaula
para que saliera de ella y se fuera a su hábitat,
que, aunque muriera en el camino,
era más factible que esperar enjaulado
las mañanas sabatinas,
para recalentarse y soltar la humedad de su alma,
tan enfermiza que él mismo hambre
o los depredadores del bosque.

Bruno alistó su equipaje, partía…
Le dejó una nota al propietario de su alquiler
y no llamó a la factoría,
en la cual había laborado desde hacía dos décadas;
abandonaba todo adentro de la habitación
y se compró un billete de vuelta a su país.

Abrió la puerta de la entrada de su casa
y ni se despidió de la vecina…
Tomó la jaula porque el canario no se había ido,
se fue a las afueras de la ciudad
y en unos tupidos matorrales, soltó a su canario…

Le dejó la puerta abierta nuevamente
con agua y alpiste,
pues si le resultaba difícil hallar alimento al principio;
ahí tendría para varios días.

Pero ya Bruno sabía por experiencia
que su canario sobreviviría,
sin amo y sin rejas en la libertad de su hábitat
que es realmente adonde pertenecía.

Bruno, tal vez añore los sábados y a su canario,
hasta el divorcio de diez años atrás;
pero después de dos décadas verá a su sangre,
a su gente y hasta un hijo que dejó en pañales.

- No es tarde- Piensa Bruno;
fuera tarde si muriera sin regresar.

14- <u>ESCRIBIRÉ</u>

Escribiré un día sin interrupción;
escribiré hasta que mi musa se reviente
pariendo a mi alma nuevamente,
y mis letras se consignen en el magma de mi sentir.
Así emulan mis sentimientos
como rosas en la Costa de Marfil,
como estambres que haden pistilos
retozando bajo el Sol Helio,
para yo conservar mi historia ancestral
o estándares como los de Odiseo y Jesús,
que ambos fueron carpinteros
y dejar como ellos mi arquitectura en papiro.

Escribiré estrofas en la Isla de las Sirenas
si fuese preciso o necesario,
y podría hasta enamorarme de una de ellas;
convertirme en la veracidad de la tinta
después de ser alumbrada mi musa.

Escribiré retinas anuales
que promediarán la vid de cada segundo,
de cada instante de mi irrigación
con el séquito de mis ideas,
en la vanguardia de mi candor,
en el Wallstreet de mis vivencias.

Escribiré calvarios de amante galáctico,
pergaminos con paisajes en esfera austral,
envergadura de mis pensamientos etéreos
y conjugaciones con la vida;
Murallas Chinas en el Ecuador,
moléculas que desparraman mi poesía.

Escribiré hasta el nombre de algunas de mis ex,
mientras calmo el ojo de la maldición
en el estruendo de la bacteria improvisadora;
cuando ese bichito se mete a sacudir
a la sugestión del que habita para crear.

Escribiré sobre centauros y unicornios,
no en rimas ni en canciones bipolares;
no compondré virutas de gobiernos desunidos
ni siquiera el meollo de mi desilusión,
solamente tatuaré mi inspiración absoluta,
en la pizarra de este donaire apodado Pasión,
con la exclusividad de estar retratado
con mi Ser junto a Dios…

Escribiré para exorcizar la mentira
y registrar mis composiciones en la Verdad,
de dejar de creerme que no soy escritor;
de que puedo convertir mis musas en mujeres,
en vez de mujeres en musas.

Escribiré para fugarme de las vagas predicciones,
del ocaso venidero de la Humanidad;
trazaré párrafos y entrevistas con el alfabeto
y no mediré sinalefas ni hiatos ni diptongos,
como tampoco cuestionaré la libertad de mis versos.

Escribiré para dibujarme yo mismo
el plano que he estado viviendo mientras soy;
mientras vivo escribo lo que estoy viendo,
experimentando, atestiguando, sintiendo…

Borronearé el espacio en blanco
que me entregaron desde el mediodía en que nací,
para pintar pirámides egipcias con mi mundología,
para llenar crucigramas de enigmas extraterrestres.

Escribiré inmortalmente mis libros
con una trayectoria recluida
y seré la posdata de todo lo que he escrito;
quizás con mil erratas halladas
en mi leyenda personal;
pero asido a un final literario
que no pudo ser nunca, más imperfecto que Yo.

15- <u>CAPERUCITA SE COMIÓ AL LOBO</u>

Caperucita repartía amor desde que se hizo mujer,
buscaba irse a casa de su abuelita
para ver si se topaba con el lobo…
Pero no con aquel lobo desfilachado del cuento
que el hachero le rajó la panza…
Ella quería al lobo astuto y lleno de mañas
y cobijado de experiencias con otras lobas…
Así fue como Caperucita halló al lobazo
que se la pensaba comer ignorando
que el merendado sería él,
entre las manos de la jovenzuela.

Caperucita se comió al lobo
una tarde después de salir del colegio;
lo tomó del brazo y lo lanzó en el césped de un parque,
donde los árboles eran tímidos
y las mariposas dormían la siesta…
El lobo quedó anonadado por la furia de Caperucita,
en la potencia tan rabiosa de sus habilidades;
que al amar era una experta incontrolable
y una diva que caza hasta un vampiro en celos.
Ya una vez el lobo derruido
por la apetencia de la caperuza,
se desvaneció como el humo en los cielos
y nunca más, apareció en su vida la Caperucita.

16- <u>AMOR DE BURÓ</u>

El tipo al frente del buró
presenció el escenario de su jefe y la secretaria;
ambos acurrucados en el andén de la estación del Metro,
donde nadie los veía besarse al despido
de los cuerpos a sus aposentos,
y del refulgir de la infidelidad de cada cual.
Pero el tipo del frente sabe que el amor
es como el roce de la soga con el acero;
que poco a poco se va limando hasta quebrarse
y así pasa con el roce del jefe y la secretaria…
La muy austera consentida se entrega,
se olvida de sus dos hijos pequeños
y su marido gringo,
para acostarse con el huelebraguetas de su superior
y perder la reputación por instintos de puta;
sin la necesidad cabal de ser amante de nadie.
Amor de buró es un delirio providente de la corbata,
del saco de los ejecutivos;
para clavarle la labia marañosa a las víctimas de turno,
de abuso de Poder
o simplemente, características de don Juan.
Y en el cuidado dentífrico
que brilla como el Sol de las doce,
aparece la secretaria adormecida por tantos papeles
y reportes que lleva de tarea a la casa;
es lógicamente, que el muy aprovechado jefecito
se encargue de todo el asunto de sus órdenes,
y ella vislumbrada por la voz de mando
se va volando a los brazos de su dirigente,
del que la agavilla en su membrete…

Amor de buró, amor injusto
para el que no se entera por ser extranjero,
de su infortunio matrimonial,
por su mujer secretaria de un suculento burócrata.

17- <u>NINFA BALCÁNICA</u>

Yo fui escudero de no sé qué Quijote
y tú con tus uñas azules, me cegaste los ojos;
las branquias del dragón medieval
me las tatuaste con tus ninfomanías en mi sexo,
e hicimos humo con las ganas de expiración
del orgasmo mutuo que jamás terminó.

Yo recogía uvas en Cerdeña
y tú emigraste una tarde gris de octubre;
venías con tu familia de Grecia
a imponerme tus encantos en pleno mar Mediterráneo,
a convencerme que era tu esclavo pasional.

Tu fuego uterino era más que los propios
volcanes balcánicos inexistentes,
que derretías con tu lava mi cimentación púdica;
tu calor era más fuerte que el frío de las cordilleras
y me acurrucaba en las tapias de tus muslos,
para rociarme y lavarme la boca
con el rocío del centro de tu tierra.

Por esta razón te nombro Ninfa balcánica:
miles de mujeres en una sola mujer para mí,
lengüetas de amor esparcidas en mi piel
y búsqueda perpetuada en la islilla de tu encuentro;
donde muere el alivio de mi virilidad,
donde se enfrenta el deseo carnal de tus entrañas
contra la polarización de mi organismo,
irresistible al tuyo…

18- <u>ROMEO SIN JULIETA</u>

Romeo sin Julieta
es un planeta sin órbita,
una oruga sin metamorfosis,
un cielo sin promesas,
una aventura sin tripulante…
Por eso, parezco este mamarracho
que no adopta forma desde que te fuiste.

Romeo sin Julieta, soy yo sin ti,
soy un alma sin cuerpo,
un rumbo sin dirección,
un pez sin agua,
una nota sin instrumento,
un eco sin vacío.

Romeo sin Julieta parece nuestra novela;
es una tristeza sin remedio,
un comienzo sin final,
una coma sin palabras,
un remiendo sin pantalón.

Romeo sin Julieta, soy yo ahora sin ti,
como un recolector sin canasta,
como una pocita sin lluvia,
como un hombre sin mujer.

Romeo sin Julieta
es como me veo sin tu compañía,
cargando mi tiempo sin tu espacio;
viviendo porque tengo que estar,
aunque se llame Vida la mía, sin ti.

19- <u>ENIGMAS DE MARILYN</u>

Norma Jeane Baker: rubia germinaba de padres incestos; bella absoluta y despampanante dama natural. Símbolo de Hollywood, casi huérfana e infeliz; buscaba refugio en los balaustres perdidos, de los dinosaurios de su época, de esos estirados de corbatas y efímeros bardos.

Sus enigmas serán múltiples. Con pantaloncillo marrón, voz de actriz desdichada, modelo con la beldad escurrida en el siniestro entorno, para desvanecerse en su personalidad.

Kennedy y su hermano, sospechosos, criminales y abusadores de Marilyn; no importa que no se les compruebe su culpabilidad, aunque sean los más cercano a su desaparición. La autopsia dio que no hallaron barbitúricos en su vientre. Su soledad era ineludible en ese 5 de agosto para ingerir su muerte.

Marilyn está en el teatro de Los Ángeles, en la barraca de los presos, en la pared de mi sala… Ella es un enigma suelto por todo el universo. La interrogación la espera, las preguntas la acechan, el tiempo no la puede consumir y nadie la puede olvidar.

Ella fue única, víctima desde su umbral, culpable de su propia existencia, llena de complejos por despotismos y envidia ajena. Carismática hasta para hipnotizar una galaxia, refugiada en la fama, aprendiz de las apariencias y con el corazón roto. Amante de aprovechados señores, autoestima invadida por su desdicha…

Los enigmas de Marilyn se crucificaron junto al Cristo en Jerusalén, en la conciencia profanada de muchos irresponsables, desmedidos en la carne sin democracia, agavillados a las mentiras impuestas por farándula; y ella allí, sumergida en su pose, lánguida en su amplia sonrisa, demostrando lo triunfadora que era, vertida en un espacio que sólo ella ignoraba. Sus misterios son arcanos sepultureros de la aclaración, del racismo que se roba a un ser inmaculado.

Dios no hizo justicia delante los ojos del Tribunal, pero a través de mis sentimientos aflora su equidad; me busca para que reviva a Norma, la excomulgue del Partido penitenciario y la realce al cielo, donde pertenece: no con popularidad, no con millones en Suiza; pero sí en los corazones relevantes de la dignidad, en un paseo decoroso para limpiarla y purificarla con su cuerpo menudito y sensual, con piel de leche cruda, facciones irrepetibles en siglos, de sueños irrelevantes y fundidos.

Marilyn queda con sus enigmas en el infinito de la eternidad; porque como ella, no existirá otra Monroe.

20- <u>COWBOY EN CONVOY</u>

El vaquero que está debajo del Jean
le ponen el seudo de Cowboy del Oeste
y se aparea con su bestia interior,
se rebusca al destilar el alcohol de su vicio
junto a los necrófagos que van en su convoy,
engullendo cabos de purillos Marlboro.

Cowboy en convoy se tambalea en la cuerda floja
que lanza el destino del desierto;
el aullido de los coyotes errantes
y el Sol calcinando su espalda,
más la arenilla que bombardea los ojos azules
del caballero andante de Norteamérica.

El metal oxidado de las espuelas de su caballo
lo adiestran a él, por lo tanto,
que lo intenta dirigir su desatino…
En manada el vaquero carece de su sentido,
divaga en las parcelas perdidas del Colorado,
quiere encontrar un refugio místico,
regresar a la esencia de la montaña,
escuchar el trino del pájaro húmedo
o cantar una canción en son de libertad.

Pero el cowboy en convoy se desintegra,
esa aglomeración que lo rodea no le hace bien
para enriquecerse con su luz propia;
aprende que la esperanza sola es cordero en yerbal,
monumento simbólico en plena metrópolis.

El convoy no conduce a parte alguna,
así inútilmente el cowboy viaja hacia la Nada;
hacia el rumbo del fenómeno llamado: Desconocimiento.

21- <u>LA MATILDE DE NERUDA</u>

¿Cómo podría dejarte de dibujar sobre la cartulina,
de entregarte toda mi musa a la creación que te conserva?
Insustituible en mi memoria,
agramada en las retinas de mis ojos…
Yo estoy en el camino perpetuo de Neruda,
en un laberinto donde el amor es el único
que halla la salida con su magia.

Tú eres para mí como Matilde,
escalinata de mis baladas,
horizonte de mi Isla Negra,
tertulia de domingos con vino
sin confesar que he vivido sin ti;
que he escrito los versos más tristes
cuando me he apartado de tus siluetas,
y aún tiritan los astros, azules y a los lejos,
pero yo te quiero, yo te amo, yo te adoro.

Nunca me cambies la frecuencia de mi inspiración,
vaticina mis verbos engendrados por tus acciones,
iluminando mis prosas con tus labios de carbohidratos
donde sustancialmente, me alimentas con besos.

Eres endocrina de mi sentir poliéster
dispuesto al estilo afinado de Neruda,
de su convencimiento de su amada,
a la candidatura de los hiatos y diptongos
que provocan el sonido de las sinalefas,
para ser una obra maestra y poética con tu belleza.

La Matilde de Neruda
eres tú en mi corazón, en este amor
que se acrecienta para desaguar el lodo de mi carne.

Yo te amo,
por eso procuro en tu vientre tejer poemas de amor
y que se hagan veinte mil únicamente por tu ser,
con una canción más alegre que desesperada,
y traiga la melodía de los dioses por ti.

22- <u>BUITRE DE MEDIANOCHE</u>

Cuando se espantan las últimas maripositas
debajo de los postes con luz;
sale el buitre de medianoche
a cazar la doncella que mejor le apetezca;
allí la acorrala, la envenena con sus garras
y la pobrecita víctima se aminora con su labia.

El buitre sabe volar sobre los tejados de la ciudad,
y así busca en cada bar la mesera disponible
para soltar nuevamente sus pezuñas,
en el cuello de la insinuante carnada que se alista;
para ser comida en uno de sus nidos favoritos.

El buitre de medianoche es un tipo
lleno de mañas de conquistador;
murciélago de noches para traspasar las juergas
y convertirse en el vigilante de las mejores resacas,
en jovenzuelas llenas de vida y sexo de alma…
Lleva carnavales en sus alas y viaja sin automóvil
para elevarlas hasta las nubes,
y luego amanecer recluidas en sábanas fragmentadas
de olores y zigzagueo sudoriento por cuerpos en desvelo.

El buitre descalabra peldaños e insinúa el amor;
ese sentimiento tan faltante en estos días,
el que es capaz sirviendo de cebo a la presa
y así se avalancha el ave rapaz a la captura,
para dominar el territorio que conoce,
para medirse contra la fuerza natural de conservación
de la especie, pero que la misma ha perdido
el combustible que la eleva, la excita…

Pero que a pesar de que sus garras son cortas y romas,
el buitre saca como si fuese una espada imaginaria
el tacto y el sentido común,
y se alimenta muy bien con el tuétano de los huesos
que extrae con su lengua.
Y mientras el mundo se preocupa por crisis y apariencias,
el buitre de medianoche ni corto ni perezoso,
se abastece de sus estrategias.

No se extralimita a perseguir viudas desfavorecidas,
ni mujeres de conocimiento vasto
sobre la cirugía plástica;
porque él es un bergante diestro en sus maniobras,
para recapitular la escuela de aterrizaje forzoso
y a la vez suave, en las que le encuentran su atractivo.

El buitre de medianoche es astuto,
aunque próximamente lo verán velando la Alta Sociedad
donde las alcobas se desvanecen sin amantes,
y a la salida de cada mansión plantará sus austeros ojos
más desvelados que la misma Luna;
para así rematar de una vez y por todas
la mejor presa de su vida:
La millonaria que lo encerrara en su jaula para siempre.

23- <u>TEJIDO DE ARAÑA</u>

Al nacer nos sueltan dentro de este tejido
que llaman Vida…
Pero mientras nos vamos asiendo de cada hilo,
se nos van acrecentando los asuntos con el respirar
y no entendemos la Vida.
Cuando empezamos a penetrar al centro del tejido
divisamos la araña que sigue tejiendo,
sin admitir que nadie la entorpezca,
y nosotros inocentes al fin
damos algún traspié y comienza el deslizamiento,
tratando de huir de la araña que siendo interrumpida
le damos un mal momento…
¡Y a correr se ha dicho!
La araña no le importa entender
por qué sin querer la molestamos,
y quiere aguijonearnos
y enseñarnos a no meternos con ella.
Así correteamos el tejido entero
sin detenernos ni un segundo hasta que al final,
lo que nos tenía que pasar, nos pasa;
la araña nos atrapa y nos envuelve en su tela,
enredarnos eternamente en el canasto
del cual nadie se escabulla y se le llama Muerte.
La Muerte es la araña y el tejido es el Vida,
y el recorrido que damos por el mismo es el Destino;
que mientras nos mantengamos alejado de la araña
y utilicemos los hilachos adecuados para torearla,
y no ser percibidos, seremos salvos.

24- <u>DIFERENCIA DE EDADES</u>

Plutarco tenía setenta y nueve años
y Dorotea veintidós...
Plutarco era un bardo senil
inspirado en la democracia del verbo;
afligía hasta una lechuga
o aflojaba hasta una tuerca con su labia,
hasta podía retorcer de amor a un muro
y le vendía el alma ajena al diablo.

Dorotea atraída por el veneno
del poeta errante al tiempo experimentado;
lo veía con alamarcs rociados,
por la ventisca de horizontes balsámicos,
e incapaz de acudir al vuelo de la alondra
o infacundo de descalabros grisáceos,
con meditabundos encuentros de viveza;
porque Plutarco a pesar de toda la maroma
sabía usar muy bien la lengua,
de albañil inquieto y socarrón por tanta vidorria.

Dorotea quería al viejo pulidor de versos
en la estantería de su alcoba;
pero en remedio incurable de iniquidad,
lástima lateral de sustancia gris,
de jóvenes sin glorietas y deseos terminales,
porque Plutarco encargado de la lira
y del desaparecido romance,
cava la tumba de Dorotea en su vaivén apocalíptico.

En el análisis de la Vida
se ha extraído sangre a la diferencia de edades;
un viejo con la cabeza cubierta de nieve
y vellos protuberantes en las orejas,
en las cejas y la nariz,
le echa vinagre en las heridas a una moza,
que le urge llenar sus espacios en blanco del corazón,
con la escasez contemporánea de la poesía,
por la delicadeza ausente de novatos
y agrietados en tecnología y confusión amorosa,
de mansa magia de quienes sueñan sin pañales
cuando las lágrimas acoplan la libertad de Ser…

Plutarco, el maestro poeta,
ha deambulado por los estribos tempraneros
de la Dorotea cauta, de la hija del rey de los peones…
Aquí hay una diferencia, aquí hay un abismo,
el sepulcro espera sonriente a Plutarco,
y la jovenzuela destroza sus cuadernos por leerlo,
por arrancar esa pesadumbre que la amordaza
y que nadie, entiende de su mocedad,
pero ¡Plutarco sí!

25- <u>LA NINFA CALIPSO</u>

Yo al igual que Ulises
tengo mi historia,
como la de su Ninfa Calipso.

Yo me fui de mi Isla Ítaca hipotéticamente,
en busca de encontrar mi exilio pacífico,
y me encontré con mi Calipso
en la Isla donde naufragué
sobre un buquecito de sueños;
y no era en Ogigia ni en el Mediterráneo,
era en el Caribe y Borinquen…

Allí me dio guarnición
una ninfa boricua de sentimientos poderosos,
estudiosa de mi materia gris
y me cobijó en su apartamento
dándome de todo,
como para intentar que olvidara mis sueños.

Yo agradecido le pedí ayuda a mi Dios,
a mi único Dios,
no a ninguna Atenea, ni a Zeus,
ni a un Hermes de emisario para protegerme;
sólo conversé con Dios sobre mi problema
con mi Ninfa Calipso y me oyó.

Yo no quería quedar atrapado
en las manos de una ninfa llena de poderes,
pero tuve suspicacia para macharme
y dejar el armario de sus sentimientos llenos;
era contraproducente mantenerme en el hogar
y succionando los majares
de mi Ninfa Calipso.

26- <u>EL ZORRO Y LA VIUDA</u>

De escarlata el remedio del Zorro
para desenvainar su sable y perfilar su zeta,
en el gajo napoleónico del cuarto de doncella,
sobre la baranda exterior del balconcillo
se esa enorme mansión de una Viuda.
El Zorro ha burlado la Guardia Rural,
el campo sin segar y la altura del halcón agreste,
y asido a la cintura de su Viuda
para asentarle hebras de capricho en su silencio;
con maldad desvelada
y en la hambruna de una mujer,
que carece de compañía.
El Zorro y la Viuda anularon las reglas de conducta
de la Alta Sociedad, para amarse en furtivo;
para registrarse en el camarote de un barco
tan clandestino como el coyote de Arizona.
Ella sabe que se quedó viva de un difundo
y ahora experimenta la glorieta con labios,
del mamífero carnicero entre sus cordilleras;
el jugo se traspasa a cemento del tiempo perdido
y con más de cuarenta años.
El Zorro da espacio, alimaña del pasatiempo,
corrector de escoria y mendigo en identidad;
sufre, sueña, estudia, acapara, se desata,
vuelve a crecer para patinar con su estalaje
y se refugia de madrugada en la alcoba,
de una señora carente de anisete y cariño,
velada por la foto de un cadáver,
mientras las células de otro hombre viven,
la aclaman y la retuercen en el tálamo.

El Zorro se ha hecho víctima de la Viuda
y ella marginada en su mansión con su hija;
disfruta del fruto prohibido
y del sable de su amante encapuchado.

27- <u>MACHO DE PUEBLO</u>

El disfuncional de mi caso
se ha vuelto amarillista,
consternado con nuevas inspiraciones,
nardo imperial y vacío de reglas
que no traen teorías para prender la yesca.

Ha nacido en la palma de mi mano
el Macho de Pueblo,
el centinela de mujerzuelas sin sueldo
y caprichoso de escondrijos alternos,
en vez de hoteluchos de mala muerte
sin estornudo para la nariz,
ni sueños para los poetas…

Macho de Pueblo que roba musas
porque no le da para más la cabeza;
y reconoce condiciones de la atmósfera
que le rodea, escatimado, sin rostro,
en busca del hallazgo involuntario de una lira
que lo embalsame en la eternidad.

Macho de Pueblo tiene amantes recluidas
en las partes más desabridas del corazón;
quiere a una Dulcinea y no la encuentra,
porque anda por avenidas descalzo por desespero
y no aterriza en la bolsa de su verdad.

Macho de Pueblo
se bebe en el bar sobras de vida desahuciada,
y espera lo que nunca sabe que va a llegar:
El Amor.

28- <u>EL SUEÑO PROFÉTICO</u>

El sueño es profético cuando sabe adonde ir,
cuando encuentra basuras mentales que limpiar.

El prestidigitador ha procesado su visión
y ha escatimado su encuentro a destiempo,
para conformar su postura en un idealismo.

El sueño puede convertirse en realidad
porque profesar los deseos detrás de los ojos,
da la posibilidad de lograr lo que se quiere.

Sueño profético abarca camillas de moribundos,
levanta fuentes de imaginaciones
y enlaza la ternura que lleva en sus huesos.

Avanza en la edad y se recapacita en la tentación,
calibra los sentidos y divulga la sociedad
de los raros instantes que avivan el porvenir.

29- <u>EL CONFLICTO DEL ARTISTA</u>

Yo no sé cómo se puede describir
la metamorfosis de la mariposa
ni las siluetas del mapa
desde lo alto en un lanzamiento paracaidista;
pero sí tengo que hacer algo
como espantar el malabarismo del destino,
conjugar las secuelas de mis recuerdos,
embriagarme con la luz propia de mi obra,
descarrilar el tren del pasado
y meterme en la vagina de la pasión ajena;
tengo que hacer sentir el orgasmo
de mil modos al mundo con mi arte,
y jamás arrepentirme de estudiar a Morfeo.

El conflicto del artista
lleva mi nombre atragantado en su concepto;
en la medalla que le cuelga del pecho,
en las enjundias garrafales de la contienda
de los hechos producidos por la creación.
Yo puedo adquirir la glorieta de la tinta
o el párrafo que nunca he copiado de mi originalidad;
porque me encierro en el semicírculo
de los andares mundanos y consigo mi encarcelación,
la piratería de mi estado anímico
y la desilusión de unos pocos, sobre lo que yo les causo.

Le he puesto bujías a la vidorria
y a proporción a chorro le restriego el jabón,
para luego cepillarle las mejillas al mal hábito
que me hace conservar las apuestas de lo incierto,
y especular sin medidas sobre lo que no me interesa.

Este conflicto lo azoro con mi pensar,
lo advierto rojo y recluido en la espada del destiempo,
porque yo lo mato,
lo evacuo por el tubo del Olvido
para completar la faceta de los engendros
porque el artista tiene que parir,
sumar ideas y diseñar colores con el lápiz,
tapizar la respuesta una vez que la encuentra
y quedarse en ese mismo sitio,
sin buscar más nada y solo continuar inventando
nuevos universos con su imaginación.

Como un rayo que lanza su carga eléctrica
y deja su raya en el cielo;
después se recoge totalmente,
así soy yo…

30- <u>NINFA DE BOSQUES Y PRADERAS</u>

Yo conocí a esa ninfa de bosques y praderas,
la retomé en los brazos y se me escapó a la ciudad.
La quimera del cascabel se ilustraba en sus nalgas,
y a mí me gustaba meterla en la poza
del lateral de la montaña…

Las siluetas de su cuerpo primaveral
se atiborraban en mis pupilas;
anudaba nubes mirando cielos sin mi permiso
y se me escapaba con otros por la ciudad…

Hoy es muestra de un poema escarnecido
porque ella, se me fugó del bosque siendo de él;
corría como lince por las praderas y así,
anhelante de todo menos del manzano,
se fugaba hacia la ciudad.

31- <u>EL GUERRERO DE LA PLUMA</u>

Tanta libertad en un país tan esclavo
y tan preso en una prisión en casa;
tan libre en las mazmorras de un presidio,
el guerrero de la pluma avanza,
cortando cabezas con su espada inspiradora,
albergando campañas con tintas de valentía.

El despertador de cualquier fábrica
repica menos que el tintero del guerrero,
cuando empuña su pluma en lo alto de su cielo,
de la imaginación intergaláctica que posee.

Él sabe que las palabras no se escriben
sino que se sienten, toman la pluma
y la empuñan sobre el papel…

En la batalla de los dictados interiores
se aproximan gaviotas que alborotan su llanto;
pero con perdices voladoras en su musa
encaja muy bien su arpón en la baranda,
de sueños despiertos que dan voluntad.

El guerrero de la pluma a veces sabe lo que quiere,
hay otras que ni lo sospecha…
Guerrero al fin, siempre está alerta a lo que su musa
le dice o dicta, así recibe el mensaje,
mientras lo ilustra con su pluma encima del teclado,
encima de su borrador o donde fuese necesario.

El guerrero de la pluma sabe escuchar,
sabe disminuir su espacio con límites ilimitados,
con suegras al degüelle y espantapájaros coloridos.

El grosor de un golpe lo estanca en su cosmos,
la pequeñez de la tierra no le alcanza para saltar;
él recorre el mundo descalzo con zapatos de seda,
inventa calañas mundanas y barrio de trigo azul.

El guerrero aprendió a matar con su pluma,
guerrero de veladas tan bien y alcohol entre damas,
embustero sin querer y hechizo de brujas;
inquieto, rodeado, perseguido, autócrata,
mediocre en un principio y director después…

Todo lo que huele a poesía él lo derrama,
todo lo que sirve para escribirse él lo utiliza;
invierte locomoción en su párrafo de vida
y hasta en los pajarillos que cantan,
así comparte la rama del gavilán
y la tiñosa mugrienta se encomienda a volar.

El guerrero de la pluma nunca descansa,
porque si descansara su estirpe desaparecería;
su trabajo está en vivir mientras escriba,
el día que eso deje de suceder, él morirá.

32- <u>CANSACIO DE AÑOS MATRIMONIALES</u>

El cansancio de los años matrimoniales,
pesa más que los escombros de la tumba de Gulliver
en el país de los enanos;
o más que la Torre Eiffel en los hombros de cualquiera…
Se necesita del amor, de la ecuanimidad,
de las reglas inexistentes para mantener el concubinato.

A veces parece ser el gobernador
que se parapeta en la mente y no deja con opción,
a los televidentes y ventrículos del corazón…
Este cansancio no se agota de cansar tanto,
se nos encima y continúa su rumbo a pensar
en el divorcio de la mala compañía.

Pero también los años matrimoniales
nos enseñan a crecer, a valorizar la pareja;
a ver que hay alguien a nuestro lado para cuidarnos,
para amarnos y acompañarnos
cuando más lo necesitamos,
mientras todo el mundo, se ha olvidado de nosotros.

33- <u>CAMBIÓ EL DESTINO DE UN HOMBRE</u>

La vida es muy corta
para ser ignorante.

Hay personas que no leen
ni escuchan.

El destino de un hombre
es un zigzag desbocado
como un potro,
como una cometa que partió su cordel.

Verdaderamente,
cambia por su contenido;
por la propiedad de los hechos,
por vivir a plétora.

Cada melodía que se oye
fomenta la inspiración del hombre;
cada paso que da
construye su destino.

Y ni corto ni perezoso
el hombre descubrió ese destino;
lo cambió para entenderlo,
para aceptarlo y ser parte de él.

Ha cambiado el destino de un hombre
porque es su esencia cambiar,
es su maestría lidiar con todo;
vincular el amor, la magia
y el sentido común con existir.

34- <u>YO YA PASÉ POR ESO</u>

Yo ya pasé por eso:
por tu cintura, por tu boca,
por tu piel, por todo tu cuerpo…
Ahora que sea él, el que lo haga,
que te acomode en sus brazos como lo hice yo.

Yo ya pasé por eso:
por tus labios al amar y tus besos dulces,
por el sabor de tu vida excitada, por ti…
Ahora que venga él y que te ajuste a su medida,
para que vuelvas a vivir un romance.

Yo ya pasé por eso:
por la estupidez de amarte, por sentirte,
por quererte como a nadie y te fuiste…
Ahora que la suerte te acompañe y te perdone Dios,
para que vuelvas a ser una mujer cabal.

35- <u>TU BOCA Y MIS BESOS</u>

De tu cuello a tu blusa,
me escapé aquella tarde de verano con mi pasión,
y te metí mano como se le mete la mano a un pantalón.
Tu boca y mis besos se aproximaron
a la orilla como olas y arena…
Tú, te me colocabas de luna en mi cielo Pecho;
yo, desembarcaba en tu vientre de espuma,

Cada amanecer te recuerdo aun llena de mi salitre,
consumida por mis besos y yo introducido en tu boca.
¡Qué alegría haberte mordido tanto!
El coloquio de un romance prematuro y final,
elevando conciertos de ternura con la piel,
imaginándonos nuestros cuerpos desnudos
detrás de nuestra mirada.

Tu boca y mis besos se condensan en el pasado,
nos buscan y nos arrebatan,
nos atañan al porvenir sin venir.
Fugaces como ciervos gráciles sobre praderas africanas;
tú y yo hemos retenido el viento en cada momento,
ilustrando nuestras vivencias en un recuadro amarillo.

Hemos tachado nuestros labios con saliva seca,
pudimos sumergirnos en grandes sustancias del amor;
aunque por insensatos, infieles e inexpertos
tronchamos la capacidad de besar:
con tu boca y mis besos.

36- <u>NUNCA ME HA DADO POR…</u>

Nunca me ha dado por ser igual a nadie,
ni siquiera irme de vacaciones
por las ilusiones de Cristian Dior…
El ser más raro del planeta puedo parecer
e igual me importa un rábano lo que piensen,
los detractores de mi mente.
Ser esa ave que se agavilla en el espacio
o ese pez que nada en las profundidades del océano,
me hace ser quien soy en mi verdad.
Yo me he tatuado por el camino de mi utopía,
las mismas ganas que he tenido para construirlo;
y necesito como todo el mundo imitación,
pero me abstengo a ella, para obtener mi imagen,
la decisión más difícil de crear un estilo,
una estela que me encamina por el rumbo de vivir.
Nunca me ha dado por ser un caballero de botines rojos,
ni la hamaca de alguien para guiar mis sueños;
yo soy simplemente ese ser que es…
Lo que me importa es lo que te importa a ti,
a ti mismo que estás metido en el pellejo de tu estructura;
observando imaginaciones y que las ajenas,
las ves como mejores que las tuyas.
Por eso, formo un rebato contra la información
y me sumerjo en la galaxia más inaccesible,
de palabras mudas y conocimientos necios.
Nunca me ha dado por ser un callejero o universitario,
a pesar de que las lecturas de mis suelas han bastado
para graduarme con el doctorado
más elevado de la Vida.

37- <u>COMPLEJO DE EDIPO</u>

Por equivocación del destino,
Edipo se enamoró de su madre;
y su madre al enterarse del incesto,
se suicidó.

Parecido conocí un caso
que trajo una tragedia familiar;
la madre se embarazó de su muchacho
y luego ella, lo tuvo que matar.

Ese es el complejo de Edipo,
nunca se sabe cómo va a terminar;
esta madre después de puñalear a su hijo,
también se tuvo que suicidar.

38- <u>AQUÍ CUALQUIERA</u>

Aquí cualquiera
se pone una corbata,
y sale de señor a la calle;
con un traje almidonado de estafa
y una bancarrota en los bolsillos.

Aquí cualquiera
te invita a una cita,
para que le pagues los tragos del bar
y te cuentan el cuento de la Buena Pipa;
para impresionarte como un crío indefenso.

Aquí cualquiera
pretende ser parte de la ley,
y abusa de infelices e indigentes desprovistos
para adjudicarse el trofeo de los políticos;
y cambiar el orden público con la corrupción.

Aquí cualquiera
se enamora de una escoba,
cuando la palabra Trabajo le reclama
y sin conciencia a cuestas engaña;
pero no a la víctima, sino a sí mismo.

Aquí cualquiera
acribilla cuerpos con cañones;
pero le faltan pantalones para el Diálogo
porque tal parece, que la humanidad enfureció,
y el ritmo y la esencia de Vivir no existe.

39- <u>HOMERO</u>

Patriarca de una pluma, de un papiro adelantado;
Homero: culto, ciego, honrado, bohemio y poeta.
¡Cuánto hay de un hombre desde un siglo remoto!
La Ilíada y la Odisea, una vida compuesta en todo.

Homero es la impresión del guía que necesitamos;
ídolo de generaciones y generaciones occidentales.
No puede faltar su descripción de Troya en su obra;
no muere un artista así, de transcendencia inmortal.

Aunque su biografía no está esclarecida no atañe
y por eso hay muchos que se la quieren adjudicar,
para su patrimonio local o incrementar su turismo;
pero para quien fue Homero, ya le sobra su gloria.

40- <u>LA GAVIOTA Y EL PANTANO</u>

Escrutando entre las hojas caídas de los árboles en otoño,
después del vendaval, pasa la gaviota sobre el pantano,
buscando apoyo para sus patitas, metida en su mundo
tan gris como mundo, tan aislado como cuevas afganas,
pero perezosa al fin como todos;
ella, la gaviota, me refleja a mí también…

Se encarama en la rama del abeto y ve que el pantano
la va hundiendo con el peso que lleva;
el fango de su nido lo extrae de allí,
el suministro de su descendencia lo saca de las ciénagas.

La gaviota gorjea su raro repicar entre el zigzag
de vientos eufóricos y se levanta sobre el pantano;
mientras invasiones de peregrinas criaturas
se revuelcan también junto al caimán de río,
bajo el salitre putrefacto que alimenta las cimientes
fecundadas de abono para el ganado celeste que pasta.

La gaviota y el pantano llevan una estrecha relación
porque hasta los mosquitos se unen,
y entre encuentros inesperados y necesidades comunes,
la gaviota se parece a mí cuando busco vida,
en los brazos del destino que a veces me deja hundir;
pero entonces como la gaviota, vuelo alto y dejo atrás
el hedor del pantano y trato de elevarme para limpiarme,
tal y cómo ella lo hace...

41- <u>NECESITO LA MUJER QUE PERDÍ</u>

La agonía no es tan sufriente como la pérdida de ella,
ni la melancolía va en una urna de cristal a lavar la cara
de la alegría del recuerdo, por haber vivido a su lado.
Por todas las malas medidas que tomé,
hoy me doy cuenta de que necesito a la mujer que perdí;
a ella, a la madre de mi inspiración,
a su interacción molecular conmigo
y a la idea redentora de sus caprichos forzados,
para dejarse querer cuando me hacía creer,
que no la amaba.

Necesito a esa insustituible mujer que perdí,
a ese espacio que por años alcancé a ocupar
con amor apercibido, y dolores de cabezas absurdos.
Su huella queda reflejada en el espejo de mi alma,
embaucada en la distancia desapropiada por mí,
y así la persigo sin hallarla en cada pisada que dejo
por las cordilleras de los Deseos de verla,
de reconquistarla, de mimarla;
para encallarme para siempre en ella,
porque simplemente, la amo.

Aquí la espero, sentado en la Eternidad;
a la mujer que necesito y que perdí.

42- <u>AHORA QUE NOS DEJAMOS</u>

Ahora que nos dejamos
puedo meterme el dedo en la nariz cuando quiera,
para sacarle la respiración a todas las cápsulas
con las que me hacías bloquear mi aire de vivir.

Ahora que nos dejamos
puedo encontrarme con una puta de bar
e irme a jugar Golf con mis amigos locos,
mientras, me bebo un güisqui por segundo.

Ahora que nos dejamos
cualquiera puede decirte cómo tratarme;
ya no importa los consejos ajenos
de cómo hacerme feliz sin tú saber.

Ahora que nos dejamos
empaco mis valijas y me mudo de mi casa
a la casa de mis padres,
de la habitación de un hotel a un parque.

Ahora que nos dejamos
planeo no hacer nada que no me guste,
de ahorrar tiempo y dinero
mientras, otra, me lava la ropa de trabajo.

Ahora que nos dejamos
la Patagonia está cerca y el Cairo también;
me levanto a la hora que me da la gana
y tú no me mandas a callar nunca.

Ahora que nos dejamos
uso de crédito mi libertad y no sueño;
no necesito despertar con mentiras
solamente, vivo, el presente sincero.

Ahora que nos dejamos
he hallado todas mis faltas tan malas
que eran buenas para ti,
y una foto queda de alguien que no eres tú.

Ahora que nos dejamos
el terror de estar vivo ya pasó;
ahora puedo reír y salir a caminar al bosque,
bañarme en la playa y vacilar a cualquiera.

Ahora que nos dejamos
he saldado todas mis aventuras pospuestas;
y si algún recuerdo tuyo cae detrás de mis ojos
con la mente cuerda, te agradezco tu ida.

43- ARCOÍRIS DE ALEGRÍA

Dibujo este arcoíris de alegría
con la paz de mi alma.
Me embarco en la cintura de la vida
y me meneo con su soltura,
para aliviar el porvenir con agua bendita.
Los colores de este arcoíris
dan la mayor sensación de alegría;
regocija la piel para encharcar de ternura
el medio ambiente que me rodea.
Hoy, ayer, mañana vendrán en otro IPad
y las condiciones de estar aquí no se cambian;
no importa el escenario,
sabré cubrir mis necesidades
con este arcoíris de alegría…
Que me pinten las células,
la tinta de cada color desparramado de este arcoíris
y me busquen los descoronados;
en mis pesadillas ya derribadas
por soñar despierto.
Ahora estoy debajo de este arcoíris de alegría
y sólo tú que me lees sabes,
que soy tan feliz como esto que te trasmito…
Tú, ya lo sabes, empápate de mi arcoíris también.

44- <u>**TE TOCO Y TE ACERCAS**</u>

Extiendo mis manos y te roza mi tacto,
tú desorbitas mi esfera de pensamientos…
Voy buscando los perfumes que das
a las flores del jardín de mi olfato,
y te digo lo que me gustas, mientras, encarcelo
toda la manifestación del terreno de tu piel.
Te toco como la pluma al aire,
te caigo encima del brocal de tu frente
y estás allí reluciente, esclava de tu luz,
me entregas tus pasos para que te camine
y te acercas tanto…, ¡qué tanto te conozco!

Pero hoy, ya no te busco, ameritas la pena
que me causa tu integración en mis labios.
Me recorres desnuda y confiesas que me amas
simplemente, con tu proximidad…
Luego, protesta mi actitud por tu sinceridad
cada vez que te toco, y regalas tu aliento,
para desnudarme como quieras por dentro y fuera.
Sé que te toco y te acercas, lo saben los corazones,
lo vivimos en el portal de los sentimientos.
Ya no te vas, ahora te quedas;
sobre todo, tocándote, estrecho la distancia
y tú amplias, nuestra cercanía.

45- <u>RENACER DE UN POETA</u>

No hay un solo paso en la literatura urbana
que el poeta no lo viva.
un Ser sensible se inspira con lo que ve,
lo que siente a flor de piel…

Renace un poeta cuando viaja,
cuando conversa en distintas lenguas,
sobre culturas e historias ancestrales.

Busca allí, do el vacío es eterno
y el reencuentro del destino converge,
con directrices de nubes calmadas.

Renace un poeta cuando se relaja
y transpira de la luz del Universo;
porque así hala en la sabia de Dios
el diccionario de su integridad gráfica.

Germina la flor del llanto
y aparecen risas en coloquio dialéctico,
por el hecho del poeta renacer…

Y, ¿quién da más poesías que un poeta inspirado?